PERDIDOS EN EL OCÉANO DE LA AGILIDAD

por René Schröder

Sobre el autor

René Schröder está a la vanguardia de la revolución ágil, es un maestro del cambio con una notable habilidad para tejer la agilidad en la columna vertebral de las organizaciones. Con más de dos décadas de experiencia, se saca de la manga estrategias personalizadas para diversos sectores y transforma los retos en historias de éxito. Su enfoque es pragmático y siempre se centra en la singularidad de cada empresa.

Como autor de la trilogía "La historia del panda" y experimentado conferenciante, René Schröder ofrece una mezcla de sabiduría y retórica motivacional. Su presencia en el escenario despierta aspiraciones, sus publicaciones son señales a través de la espesura de la complejidad empresarial.

En el ámbito de la consultoría ágil, René Schröder es un arquitecto de soluciones personalizadas que dan forma y adaptan equipos y estructuras para satisfacer las exigencias siempre cambiantes del mundo empresarial. Una visión clara, una aplicación pragmática y un éxito mensurable caracterizan su colaboración con las empresas que emprenden el viaje hacia la excelencia ágil.

Twitter	
Instagram	
Youtube	
LinkedIn	
Blog	

PERDIDOS EN EL OCÉANO DE LA AGILIDAD

Navegar contra corriente
Cómo atravesar la niebla de la agilidad
y mantener el rumbo

René Schröder

1ª edición, 02.2024

© 2023 Autor: René Schröder

Ilustraciones: René Schröder

Revisión: Ed Mog

Cubierta del libro: Valentina P.

- Todos los derechos reservados.

RegSus Consulting GmbH, Múnich

r.schroeder@regsus.de

Contenido

Dedicatoria

A mi amada esposa Julia,

Tu apoyo incesante, tu sabiduría y tu amor incondicional son la brújula que me guía a través de las aguas más tormentosas. En las incontables horas que he pasado sumergiéndome en las profundidades de la agilidad, tú has sido mi ancla, manteniéndome firmemente anclado a la realidad mientras llenabas mis velas de inspiración y coraje. Sin tu fuerza y comprensión, este viaje hacia lo desconocido no habría sido posible. Eres más que mi compañera de vida; eres la fuerza silenciosa que hay detrás de cada palabra que escribo.

A mis hijos, Jason y Jasmin,

Son las estrellas en mi noche más oscura, siempre recordándome por qué me embarqué en este viaje en primer lugar. Su curiosidad infantil y su optimismo desenfrenado siempre me han recordado que la mayor aventura no consiste en descubrir nuevos mundos, sino en ver el mundo a través de sus ojos. Su risa y su alegría me recuerdan a diario que el verdadero tesoro de la vida se esconde en los pequeños momentos que pasamos juntos.

Con amor y gratitud

Prólogo por Javier Rodriguez Gonzalez

Como líder de una empresa de asesoramiento global, he tenido el privilegio de trabajar con una amplia variedad de clientes de múltiples sectores en diferentes regiones del mundo. El hecho de haber experimentado diferentes culturas en varios países y de haber pasado por varios altibajos del mercado mundial de capitales me han proporcionado un conocimiento amplio y profundo de los retos, las oportunidades y las trampas habituales de las empresas de hoy en día.

A lo largo de mi carrera me he dedicado a la búsqueda del conocimiento, comprendiendo diferentes perspectivas y complementando mis propios puntos de vista con los de expertos en otras disciplinas y otras formas de resolver problemas. En ese contexto conocí a René Schröder hace unos años. Hoy le considero con orgullo un querido amigo y un profesional excepcional, por lo que me hace especial ilusión escribir el prólogo de su último libro "Perdidos en el océano de la agilidad".

En mi puesto actual, ayudo a numerosas empresas internacionales y firmas de capital privado a navegar por los procelosos mares de mercados en constante cambio, tecnologías cambiantes y organizaciones humanas cada vez más complejas. Los principios y las ideas que se describen en este libro reflejan las situaciones reales a las que se enfrentan las empresas actuales, abandonando los marcos puramente teóricos y centrándose en la aplicación de la agilidad como un método para transformar la forma de ver el mercado, el producto y las personas. La metáfora de los "3 caminos hacia la felicidad" engloba comportamientos que he visto con demasiada frecuencia en el mercado, los de empresas que se aferran a mapas de soluciones obsoletos, que intentan recomponer un barco a partir de las piezas dispares que tienen a mano y que navegan hacia la noche sin rumbo ni destino claros.

"Perdidos en el océano de la agilidad" no sólo ofrece un análisis exhaustivo de los obstáculos por los que caminan las organizaciones cuando emprenden su viaje hacia la agilidad, sino que proporciona estrategias prácticas y soluciones aplicables que yo consideraría esenciales para lograr un cambio real duradero y resultados tangibles. La capacidad de "bailar en la tormenta", como dice René, es un arte difícil de dominar que suele ser característico de los grandes líderes que logran el éxito una y otra vez, abandonando los insoportables controles de gobernanza de las organizaciones actuales y cultivando en su lugar una cultura de adaptabilidad, resiliencia y aprendizaje continuo. Porque a medida que el mercado se vuelve más enrevesado, complejo y cambiante, está claro que la solución no puede ser implantar marcos más estrictos y prescriptivos, sino adaptarse con mayor rapidez y de forma menos traumática a las nuevas circunstancias. Sonrían en la tormenta, pues sus competencias son las de las aguas agitadas y los barcos ágiles.

Yo mismo he experimentado cómo la aplicación de las ideas descritas en este libro ha ayudado a las organizaciones no sólo a sobrevivir, sino sobre todo a prosperar en la era del cambio, abrazando la imprevisibilidad natural del mercado y utilizándola en su propio beneficio. "Perdidos en el océano de la agilidad" es, por tanto, más que una lectura de negocios, es una guía esencial para cualquiera que desee crecer en el volátil mundo empresarial actual, no operando más estrechamente que los demás, sino mejorando en el desarrollo del producto adecuado, en el momento adecuado y para el cliente adecuado.

Recomiendo encarecidamente este libro a todos los líderes y organizaciones que se embarquen en el viaje, a veces aterrador y siempre meritorio, de la transformación ágil. Que las ideas y estrategias descritas en este libro les sean útiles para trazar su propio rumbo, y que naveguen por las olas del cambio que les llevarán al destino deseado.

Les dejo con una de mis citas favoritas al iniciar un viaje de transformación, una que suele encaminar al equipo de liderazgo en la dirección correcta: "El secreto del cambio es centrar toda tu energía no en luchar contra lo viejo, sino en construir lo nuevo", Sócrates.

Espero que disfruten de la lectura tanto como yo, y gracias a mi querido amigo René por dejarme escribir estas palabras, eres y serás siempre un faro de agilidad brillando en un mundo de inmutabilidad, y una persona extraordinaria con la que estar.

Saludos cordiales
Javier Rodríguez
Director Global de Creación de Valor, KPMG

Introducción

Bienvenidos a bordo del "Agility", el barco que nos guiará por las procelosas aguas de la vida empresarial moderna. Soy René Schröder, su capitán en esta travesía, y les invito a zarpar conmigo en un viaje de descubrimiento que cambiará para siempre su forma de pensar, trabajar y dirigir.

Ustedes, los valientes navegantes del mundo empresarial, los ejecutivos, gestores de proyectos y equipos que no se conforman con el statu quo, están en el lugar adecuado. Ustedes son los innovadores y pioneros que están dispuestos a desplegar los viejos mapas y explorar nuevos horizontes. Saben que la verdadera agilidad es algo más que una palabra de moda: es una forma de vida, un arte que hay que dominar.

En mi libro "Perdidos en el océano de la agilidad", les llevaré de viaje por los tres caminos de la agilidad. Dejaremos atrás los mapas precisos que prometen una ilusión de control; superaremos el barco compuesto, el Wolpertinger, construido a base de desesperación y falsas suposiciones; y sacaremos a la luz la expedición secreta que se mueve más por la esperanza que por la claridad.

Prepárense para sumergirse en las profundidades de la filosofía ágil, donde aprenderán que el verdadero tesoro no es la consecución de un objetivo fijo, sino el propio viaje. Es un viaje lleno de lecciones que les enseñarán a bailar con las olas en lugar de luchar contra ellas.

Este libro es más que una colección de páginas; es una brújula para quienes están dispuestos a levar anclas y poner rumbo a un mundo en el que la agilidad es el timón que nos guía por los procelosos mares del cambio. ¿Están listos para navegar conmigo hacia este apasionante futuro? Entonces suban a bordo y zarpemos juntos.

Saludos cordiales
René Schröder

Estructura del libro

En "Perdidos en el océano de la agilidad", les embarco en un viaje estructurado para ayudarles a comprender no sólo la teoría que hay detrás de la agilidad, sino también cómo ponerla en práctica. El libro se divide en cuatro partes principales que les guiarán a través de los diferentes aspectos de la transformación ágil.

Parte I: Los tres caminos hacia la (in)agilidad

Aquí exploramos los caminos metafóricos que suelen tomar las organizaciones al embarcarse en el viaje de la agilidad. Analizaremos los pros y los contras de cada camino y comprenderemos por qué algunas estrategias llevan por mal camino mientras que otras conducen a un progreso real.

Parte II: La odisea marítima de los mapas precisos

En esta sección nos adentraremos en el primer camino: la búsqueda de la perfección a través de una planificación detallada. Les mostraré por qué un exceso de control puede ser tan peligroso como no tener ninguno y cómo encontrar un equilibrio entre preparación y flexibilidad.

Parte III: El Wolpertinger - Un barco de mitos

El segundo camino nos lleva a un barco construido a base de las mejores partes de otros barcos, o al menos eso es lo que dicen. Exploraremos las trampas de las soluciones demasiado únicas para ser ciertas y cómo desarrollar una estrategia que realmente se adapte a su organización.

Parte IV: La expedición secreta - Navegar en la oscuridad

El tercer camino es el más misterioso. Aquí nos centraremos en las organizaciones que se adentran en la agilidad sin una dirección clara o una comprensión del destino. Mostraré estrategias para salir de esta oscuridad hacia la luz y crear un entorno en el que todos los miembros del equipo sepan cómo y por qué se toman las decisiones.

Conclusión: Bailando al ritmo de la tormenta

Al final del libro, resumimos las conclusiones y analizamos el arte de "bailar en la tormenta": cómo vivir y respirar agilidad. Presentaré pasos y métodos concretos que les ayudarán no sólo a implantar la agilidad, sino a convertirla en parte integrante de su cultura corporativa.

¿Los 3 caminos hacia la felicidad?

En los interminables mares del mercado, donde las tormentas aparecen de improviso y el éxito es tan fugaz como una mañana bañada por el sol, las empresas se han dado cuenta de que necesitan desplegar sus velas de otra manera. Los viejos métodos, antaño tan fiables como balizas en costas conocidas, ya no bastan para navegar por las agitadas aguas de las exigencias de los clientes y la competencia.

El primer camino: un viaje con mapas en los que se traza cada viento y cada corriente, una odisea orquestada con tanta precisión que nada se deja al azar. Es la ilusión del control, la promesa de seguridad, de que si cada ola, cada ráfaga de viento es predecible, el barco llegará inevitablemente a su puerto de destino.

Pero el mar es caprichoso, y ningún plan, por detallado que sea, puede prever los imponderables de cada momento en alta mar.

El segundo camino es un barco, ensamblado como un Wolpertinger, criatura mítica de la marinería, nacido de la desesperación y de la falsa suposición de que sólo una pieza única puede capear las tormentas. Se unen partes dispares de otros barcos, sin comprender cómo refuerzan el conjunto. Es un camino que promete ser único, que ofrece una solución, construido sobre la idea de que sólo lo que es especial y personalizado puede tener éxito. Sin embargo, sin una verdadera comprensión del oficio que es la construcción naval, no es más que una pesadilla flotante, lista para romperse a la primera ola.

Y luego está **el tercer camino**: una expedición secreta, una tripulación abandonada en la oscuridad mientras sus comandantes murmuran partes del primer y segundo camino como si fueran plegarias a los dioses del mar. Navegan, pero a ciegas, sin saber que el barco en el que viajan no tiene rumbo verdadero, ni mapa que valga la pena seguir, sólo susurros y órdenes, mantenidas en el silencio que inspira más miedo que confianza.

¿Por qué estos caminos conducen al desastre? Porque no comprenden ni honran la imprevisibilidad del espíritu humano, el caos de la creatividad y la innovación, la naturaleza salvaje e indomable del propio mercado. Intentan trazar estrellas en constante movimiento, domar un mar que se niega a ser domado.

El verdadero viaje -el viaje exitoso- consiste en comprender que el mar, por imprevisible que sea, hay que vivirlo tal y como viene. Hay que aprender a bailar en la tormenta en vez de intentar evitarla, estar dispuesto a cambiar el timón en función de lo que le digan las olas, no de lo que dicten las cartas de navegación.

Significa ver a la tripulación como algo más que meros receptores de órdenes, permitiéndoles formar parte del propio barco, poniendo sus manos y sus corazones en la construcción y la navegación. Significa ver el viaje como una experiencia, una aventura, incierta, sí, pero llena de posibilidades.

El mar del espíritu empresarial no puede controlarse, pero puede experimentarse en toda su cruda belleza y sus mareas impredecibles. Son los valientes, los que aprenden a navegar con lo desconocido, los que no sólo sobreviven, sino que viven de verdad, dejando sus historias en las estrellas que iluminan el cielo nocturno para los que aún no han navegado.

El primer camino - La odisea marítima de los mapas precisos

Imaginen un orgulloso barco zarpando a primera hora de la mañana, cuando los primeros rayos de sol tiñen de dorado la bruma del horizonte. No se trata de un barco cualquiera, sino del buque insignia de un orgulloso imperio comercial que se dispone a descubrir un nuevo mundo. ReG Inc. se ve a sí misma en este magnífico barco, lista para sumergirse en las aguas inexploradas de la transformación.

Pero antes de iniciar este viaje, cada milla del océano se estudia meticulosamente en las cámaras cartográficas de la empresa. Se predice cada ráfaga de viento, se conoce cada ola y se marca cada tormenta en las cartas, que son tan detalladas que incluso documentan el canto de las sirenas en las profundidades. Estas cartas náuticas no son sólo un plan: son una promesa, una garantía de que nada se dejará al azar. Los líderes, los cartógrafos, han contado cada grano de arena del fondo marino y están convencidos de que sus cálculos y predicciones precisas les guiarán sanos y salvos por las aguas más turbulentas.

El barco suelta amarras y toda la tripulación está en cubierta, con los ojos fijos en el horizonte claramente definido. La tripulación, los empleados, permanecen atentos y preparados, porque confían en la sabiduría de sus almirantes y en la precisión de sus cartas de navegación. Creen que cada tormenta, cada viento en contra, no será más que un pequeño inconveniente en un viaje que, por lo demás, está perfectamente planificado.

Pero el mar, al igual que el mercado, es una bestia viva. Se agita y enfurece con una ferocidad imprevista, y pronto el orgulloso barco se ve sacudido por turbulencias que no figuraban en las cartas. Se avecinan tormentas, no donde se esperaban, sino donde los cartógrafos habían dibujado claramente los cielos. Corrientes desconocidas, metafóricas de los cambios inesperados del mercado, desgarran la quilla, y las bellas líneas de las cartas náuticas empiezan a desvanecerse, empapadas por las salpicaduras del agua salada de la realidad.

La tripulación empieza a ponerse nerviosa y mira interrogante a sus líderes, que tratan estoicamente de ocultar su incertidumbre mientras redibujan sus mapas en medio de un caos que no habían previsto. En su arrogancia, habían creído que la naturaleza, como el mercado, sigue una lógica lineal, una fórmula previsible que sólo tenían que descifrar para llegar sanos y salvos a su destino.

En esta vorágine de acontecimientos, unos pocos valientes a bordo se dan cuenta de que ningún mapa, por preciso que sea, podrá captar jamás la volatilidad viva y palpitante del océano. Comienzan a tomar el timón haciendo caso a sus instintos, su experiencia y su comprensión del mar por el que han viajado.

El viaje de ReG Inc, este camino de transformación totalmente planificado, ya no es un viaje sino una batalla - una batalla, no contra el mar, sino contra la ilusión de previsibilidad y control. A medida que se enfrentan a la naturaleza impredecible del mercado, aprenden que ningún viaje, especialmente uno de transformación, es una ruta en línea recta del punto A al punto B. Es una odisea que requiere adaptabilidad, valentía y la voluntad de arrugar los mapas y dejarse llevar por los vientos del cambio.

El segundo camino - El barco Wolpertinger

El segundo camino que podría tomar ReG Inc. se asemeja a un barco revuelto que recuerda al legendario Wolpertinger, un híbrido de varias criaturas que adopta formas extrañas e inesperadas en el folclore. En este escenario, la empresa ha juntado piezas de varios marcos ágiles, un poco de Scrum por aquí, un poco de Kanban por allá, algunos principios de Lean y quizá incluso elementos de Extreme Programming. Cada pieza se ha seleccionado con la esperanza de heredar la agilidad, la eficiencia o alguna otra característica atractiva prometida por el marco respectivo.

Pero al igual que un Wolpertinger en alta mar, este barco no está hecho de un solo molde. Nació de la desesperación y de la ilusa creencia de que un vehículo puramente único y personalizado -libre de las "restricciones" de los diseños tradicionales, probados y comprobados- estaría mejor equipado para navegar por los procelosos mares del mercado. La dirección cree erróneamente que esta creación Frankensteiniana de metodologías ágiles proporcionaría una estructura más fuerte y resistente, ya que combina "lo mejor de todos los mundos".

Sin embargo, este enfoque carece de una comprensión fundamental de cómo estos diferentes métodos y principios deben trabajar juntos de forma sinérgica. No nos damos cuenta de que cada marco ágil -como cada pieza del barco- se desarrolló en un contexto específico, con unos requisitos concretos que cumple y unos problemas específicos que aborda. Al ensamblar piezas al azar, sin orientación ni estrategia, la dirección arriesga no sólo la integridad de su "barco", sino también la dirección y el progreso de su viaje.

Puede que este "barco" de material compuesto impresione a primera vista por su diseño poco convencional y su aparente singularidad. Promete una solución a medida, una respuesta a todos los retos a los que se enfrenta la empresa. Pero sin una verdadera comprensión de la arquitectura naval, es decir, sin un conocimiento profundo y matizado de cómo pueden integrarse y aplicarse con éxito los principios ágiles, este barco no es apto para navegar. Es una pesadilla flotante que, en lugar de atravesar las olas, amenaza con romperse al primer encuentro con la dificultad.

Este enfoque, que se centra en la singularidad y la personalización sin tener en cuenta la necesidad de comprensión y coherencia, puede llevar a la empresa a aguas peligrosas. Se corre el riesgo de malgastar recursos, desmoralizar al equipo y, en última instancia, impedir que la empresa alcance sus verdaderos objetivos. La lección aquí es clara:

la verdadera navegabilidad -y el verdadero éxito empresarial- no proceden de un conjunto "aleatorio" de conceptos, sino que vienen de generar continuamente experiencia dentro de la organización y de seguir el principio Shu-Ha-Ri.

El tercer camino - La expedición secreta

El tercer camino, una odisea que se parece más a un acertijo de pesadilla que a un viaje, arrastra a sus viajeros a una vorágine de secretos e incertidumbres. Es como si una valiente tripulación se embarcara en un navío que no está dirigido por un capitán experimentado, sino por sombras y ecos. Esta expedición, envuelta en tinieblas, oculta su verdadero destino a los valientes que se atreven a zarpar, atrapando sus corazones en una red de susurros y planes ocultos.

Desde el principio, este barco -esta frágil arca en el mar infinito del mundo corporativo-

es un conglomerado de partes del primer y del segundo camino. Es como si los arquitectos hubieran tomado un poco de todo, pero sin el pegamento del entendimiento que podría mantener unidos estos elementos dispares. Los líderes, los comandantes de esta audaz empresa, murmuran fragmentos de estrategias que apenas comprenden, como si fueran conjuros sagrados destinados a apaciguar a los furiosos dioses del mar. Pero estos mensajes poco claros sirven más bien para avivar las llamas de la incertidumbre que arden en los corazones de su tripulación.

Los miembros de la tripulación, las valientes almas de este enigmático barco, navegan en un mar sin horizonte. Sienten cómo la cubierta se balancea bajo sus pies con cada decisión tomada más por miedo que por confianza. El silencio en el que se encuentran es opresivo, un mundo en el que incluso el crujido del barco suena como un suspiro de resignación. Sus miradas se cruzan a menudo en la oscuridad de la noche, llenas de preguntas para las que nadie parece tener respuesta.

En esta atmósfera de medias verdades y suposiciones, el rumbo que siguen no es más que una ilusión. Los mapas que tienen son hojas de papel en blanco, líneas y caminos trazados por una mano invisible y borrados con la misma rapidez. No hay un faro a lo lejos, ni la promesa de un puerto seguro, sólo el titubeo interminable y el ocasional destello, lleno de miedo, de la esperanza que es rápidamente sofocada por la siguiente ola de confusión.

En este mundo de medias sombras y desconfianza tácita, el propio viaje se convierte en una metáfora de la pérdida y la desesperación silenciosa que todos llevan en el corazón. Es un viaje sin destino, una búsqueda sin promesa, un canto de sirena que arrastra inexorablemente al barco y a su tripulación hacia las profundidades del océano desconocido e inexplorado.

La odisea de la transformación en tres actos

En las profundidades insondables del océano empresarial, hemos visto tres barcos, cada uno con rumbo a la destrucción, marcados por las pruebas y tribulaciones de estrategias mal navegadas. El primer camino, un barco poderoso que se hundió por arrogancia y falta de reflexión, reflejaba el peligro de confiar únicamente en el conocimiento teórico sin complementarlo con la aplicación práctica. El segundo camino, un extraño mosaico de métodos sacados de diversos rincones y acabados sin comprensión ni contexto, nos demostró que sin una base sólida y respeto por las etapas del aprendizaje -Shu Ha Ri- no es posible ningún progreso sostenible. El tercer camino, un viaje a través de la oscuridad del desconocimiento y la incertidumbre, nos recordó dolorosamente cómo la falta de objetivos claros y la toma de decisiones descentralizada pueden llevar a una organización por mal camino.

Pero de los restos de estas expediciones fallidas está surgiendo un mapa para el éxito. Para los que han elegido el primer camino, la salvación está en fusionar pensamiento y acción. Ha llegado el momento de salvar la distancia entre la teoría y la práctica para desarrollar una comprensión basada en el mundo real de los negocios. Los líderes necesitan subir a cubierta, sentir el viento en sus velas y trabajar junto a su tripulación para comprender realmente los matices de su barco.

Los que se pierden en el segundo camino caótico deben adoptar la filosofía de Shu Ha Ri para alcanzar la verdadera maestría. Para ello, tienen que darse cuenta de que la verdadera pericia requiere algo más que una mezcla de conceptos; requiere un viaje progresivo de la imitación a la asimilación y a la innovación. Aprenderán que la experiencia no es sólo una función del conocimiento, sino de la comprensión vivida, sentida y experimentada.

Para las desafortunadas almas del tercer camino, el cambio de rumbo pasa por la valentía de tomar decisiones descentralizadas, dando poder a la tripulación para que tome el timón. Cambiar el enfoque de la mera producción a un resultado significativo no sólo hará avanzar el barco, sino que también lo hará en la dirección correcta.

El mar de los negocios está lleno de incertidumbres, pero para quienes están dispuestos a aprender de sus errores y adaptarse a las mareas, siempre hay esperanza en el horizonte. Nos espera un mundo en el que las empresas no sólo sobreviven, sino que prosperan; un futuro en el que los equipos trabajan juntos no por necesidad, sino por la búsqueda compartida de la excelencia; y un destino en el que el éxito no se define por llegar a la orilla, sino por el viaje que se emprende, los retos que se superan y los descubrimientos que se hacen por el camino.

Un nuevo horizonte ~ Los tres caminos para salir del laberinto de la uniformidad

En un mundo en constante cambio, las empresas se enfrentan a un laberinto de uniformidad en el que los viejos mapas y las agujas de la brújula ya no pueden señalar el camino. Sin embargo, hay caminos que conducen fuera de este laberinto - tres caminos de salida que muestran a los valientes y sabios una nueva dirección.

El primer camino de salida: La odisea marítima de los mapas precisos

Aquí el viaje comienza con la constatación de que los viejos mapas ya no reflejan la verdad del mar. Es un viaje que nos enseña que la verdadera navegación requiere la voluntad de redibujar los mapas, no con tinta, sino comprendiendo las corrientes del mercado y los vientos del cambio.

El segundo camino de salida: De wolpertingers y maestros del mar ~ La odisea hacia el dominio ágil

Este camino nos conduce a través de la filosofía de Shu Ha Ri, donde la verdadera maestría no reside en la imitación rígida, sino en la adaptación fluida y, en última instancia, en la innovación creativa. Es un camino que nos muestra cómo salir de las sombras de lo convencional y entrar en la luz de la realización.

El tercer camino de salida: La expedición secreta ~ Desde la sombra del tercer camino

El último recurso nos lleva a las expediciones ocultas que se han liberado de los grilletes del llamado "tercer camino". Es un camino que nos enseña que el verdadero cambio no reside en los números y los datos que medimos, sino en las historias y las experiencias que creamos.

Estos tres caminos de salida son algo más que vías de escape del estancamiento; son invitaciones a un viaje que nos lleva no sólo a un nuevo lugar, sino a una nueva forma de ser. Nos desafían no sólo a pensar de otra manera, también a vivir de otra manera, en un mundo que ya no gira en torno al "qué", sino al "por qué" y al "cómo".

Acompáñenos en este viaje hacia los tres caminos de salida que no sólo transformarán nuestras empresas, sino también nuestras almas.

Cómo terminó la odisea marítima de los mapas precisos

Un velero, inmerso en las aguas de la imprevisibilidad, descubre que el primer camino hacia el desastre suele ser un mapa lleno de engaños. Es el mapa de la planificación excesiva y la navegación demasiado cautelosa, dibujado con el tintero de la ilusión de que cada milla, cada ráfaga de viento, cada cambio de corriente es previsible, controlable. Las empresas que tienen este mapa creen que pueden atravesar los océanos de la transformación con una ruta definida con precisión, ignorando las olas caprichosas del cambio.

Pero el mar del cambio es una entidad viva, indómita e impredecible. Baila al ritmo de las mareas, seducido por los caprichos de la luna, y cualquier barco que intente trazar sus rutas se encuentra enredado en una red de olas y corrientes que no hacen caso a los planes humanos. La suposición de que la transformación es un mar en calma, dispuesto a plegarse a la voluntad de la brújula y el sextante, es una peligrosa ilusión marina. En realidad, es un océano tempestuoso que arroja a los barcos a aguas desconocidas donde esperan los monstruos y cantan las sirenas.

En el siglo XXI, el mundo se ha liberado de los grilletes de la previsibilidad y se ha convertido en un mar embravecido caracterizado por las redes de dependencias y olas de tecnología. Los vientos de la globalización han creado nuevas corrientes que se convierten en interacciones turbulentas, mientras que el progreso tecnológico, como un faro, ilumina los acantilados de lo posible, a menudo sin mostrar el rumbo hacia la orilla segura. En este océano, los viejos métodos de navegación no sólo son inadecuados, también suelen ser peligrosos.

La centralización de las decisiones, reliquia de viejas tradiciones marineras, muestra sus grietas frente al mar embravecido. La suposición de que un capitán, encerrado en su camarote, lejos de las cubiertas y del salitre, puede tomar las mejores decisiones es tan destartalada como un naufragio. La verdad vive en cada marinero, en la mano que sostiene el timón, en los ojos que reconocen la tormenta en el horizonte. Es una verdad que se manifiesta en la fusión del pensamiento y la acción, en la adaptación espontánea al ritmo de las olas.

Las estructuras descentralizadas despiertan este espíritu cediendo el timón a quienes sienten la espuma de las olas en la punta de los dedos. Fomentan una tripulación que respira al unísono con el mar, que es capaz de zarpar con los vientos del cambio, que no sólo reacciona ante las tormentas sino que las anticipa, las presiente mucho antes de que oscurezcan el horizonte.

Los viejos mapas que antaño se consideraban indispensables se están desvaneciendo. La tinta con la que fueron escritos se ha corrido ante la complejidad. Es hora de girar el timón, cambiar de rumbo y zarpar hacia las mareas de la incertidumbre con la confianza de que la tripulación, cuando es libre, puede navegar el barco a través de cualquier tormenta. Esta odisea marítima no es el final, sino un nuevo comienzo, una invitación a abrazar los océanos de posibilidades sin miedo a las incertidumbres que albergan.

La odisea marítima es una danza con lo desconocido, un audaz salto a las profundidades del cambio donde lo único seguro es el propio movimiento. Es un viaje que las empresas del siglo XXI no deben temer, sino más bien celebrar, pues en estas aguas inexploradas no sólo encontramos retos, sino también las posibilidades indómitas del futuro.

Navegando contra la tormenta: Cómo los barcos con toma de decisiones descentralizada navegan entre las mareas de la transformación

Imaginen un poderoso velero, reino de un viejo y orgulloso almirante que gobierna el mar. Tradicionalmente, dirige el barco desde su silla de capitán, en lo alto de la cubierta, viendo por sí solo en qué dirección sopla el viento y decidiendo qué rumbo tomar. Este barco representa la toma de decisiones centralizada, en la que cada cabo, cada cambio de vela, cada nuevo rumbo se ordena desde esta posición central y elevada. Es un sistema de orden, rango y unidad, pero también uno que sigue lentamente los vientos del cambio.

Ahora, en la densa niebla de la incertidumbre económica y los rápidos cambios, este barco monolítico se tambalea. Las órdenes del almirante tienen que ser laboriosamente retransmitidas a través de las filas, de cubierta en cubierta, por megáfonos a todo volumen y a través de una cadena de mensajeros, hasta que finalmente llegan a oídos de los marineros que izan las velas y manejan los timones. Es una danza lenta, que vuelve al barco perezoso y torpe contra los vientos siempre cambiantes del mar.

Luego está la flotilla de barcos ágiles y más pequeños que navegan juntos por el mar. Cada barco de esta flotilla es dueño de su propio destino, dirigido por un capitán que se encuentra entre la tripulación, siente el viento, saborea la sal y cambia rápidamente de rumbo en función de cómo sople el viento y fluya la corriente. Estos barcos representan la toma de decisiones descentralizada.

En este conjunto de barcos, en esta ágil flotilla, cada barco es responsable de su propia supervivencia. Se comunican entre sí con rapidez y eficacia, se avisan de las tormentas y se reparten el botín. Son resistentes, porque aunque un barco tenga dificultades, el resto se mantiene fuerte y receptivo, prestándose apoyo y extrayendo lecciones de los retos de cada uno.

En el mundo de la transformación, es como romper la orgullosa jerarquía del barco monolítico y transformarlo en una flota de buques ágiles y receptivos que surcan el mar con velocidad y determinación. Donde antes el viejo almirante contemplaba cansado su imperio, ahora hay una multitud de capitanes que toman decisiones en tiempo real, se adaptan, colaboran y navegan por los agitados mares de los cambios del mercado y las necesidades de los clientes.

Esta revolución marítima en la toma de decisiones es un punto de inflexión crucial en la historia marinera del mundo empresarial. Es un reconocimiento de que, si bien el viejo y gran barco puede ser majestuoso e imponente, son los barcos rápidos y maniobrables los que están desafiando las tormentas, encontrando los tesoros y surcando el futuro sobre las impredecibles olas del mercado.

Entrada en el diario de navegación

Y así, nuestra historia marinera termina, no con una brisa tranquila, sino con una alegre tormenta de risas y realización. Como dirían los viejos lobos de mar: "¡Un barco feliz es un barco rápido!" y en el mundo de los negocios, esto no podría ser más cierto.

En los agitados mares del mundo empresarial, no sobrevive el más fuerte ni el más grande, sino el que está preparado para girar rápidamente el timón, zarpar en todas direcciones y navegar por los mares más tormentosos con una sonrisa. Son los capitanes que ríen cuando la lluvia les empapa, que cantan cuando las olas golpean la cubierta y que se atreven a bailar cuando los relámpagos iluminan el cielo nocturno.

¿Centralización? ¡Una fuerte brisa que podría desgarrar la vela! ¿Planificación excesiva? ¡Un arrecife oculto a punto de destruir nuestro orgulloso barco de la eficacia! No, en esta odisea de la transformación, son los barcos que bailan, ríen e improvisan los que llegan a puerto, cargados con los tesoros del éxito y la innovación.

Así que, orgullosos líderes, ¡tiren las cartas, sientan el viento en el pelo y aprendan la alegre danza de la navegación ágil! Porque, al fin y al cabo, es la alegría la que aporta velocidad, la camaradería la que estabiliza el timón y la risa la que nos guía en las noches más oscuras.

Que nuestra flotilla empresarial siga navegando con audacia allí donde ningún barco monolítico ha triunfado jamás. Con una canción en el corazón y una giga en los labios, nos dirigimos hacia un futuro tan vasto y maravilloso como el propio mar. Ahoy, capitanes de la industria, ¡que sus decisiones sean tan rápidas y alegres como las olas que anuncian nuestra próxima gran aventura!

De Wolpertingers y Maestros del Mar ~ La odisea hacia el dominio ágil

Un barco con forma de Wolpertinger, una quimera del reino de las fábulas, se desliza por los turbulentos mares del mundo empresarial. Está formado por fragmentos de varios barcos, producto de la desesperación y del engañoso convencimiento de que sólo un navío único podría sobrevivir a las fuertes tormentas. Este barco simboliza a las empresas que deciden forjar sus propios métodos porque creen que los marcos probados y comprobados, como Scrum, no responden a sus retos únicos.

Pero ah, aquí yace un gran malentendido de la agilidad, oculto en las profundidades de los tablones del barco de Wolpertinger. La agilidad baila sobre las olas de la experiencia y la mejora continua, no se puede apretar en un corsé de marcos rígidos y caseros. Aquí, la esencia viva y respirante de la experiencia se confunde con el esqueleto rígido del conocimiento, dando como resultado una criatura grotesca condenada al fracaso.

El conocimiento, el vellocino de oro de los eruditos, habita los salones de nuestro intelecto, una colección de joyas brillantes - información, hechos, conceptos- adquiridas mediante el estudio, la observación o el intercambio. Es el territorio de la teoría, de las estrategias dibujadas en mapas que nunca han sentido el áspero toque del viento.

La experiencia, en cambio, es como el viejo lobo de mar cuyas manos están marcadas por la práctica. Llega a través de la acción, de la navegación por mares tempestuosos, experimentando brisas y tormentas a partes iguales. La experiencia es la piedra de toque del conocimiento, el lugar donde se comprueba la idoneidad de las teorías, donde pueden romperse, reforzarse y fortalecerse.

Aquí, entre los acantilados del conocimiento y los remolinos de la experiencia, navegamos sobre las olas del Shu Ha Ri, un concepto del arte de los samuráis que muestra el camino que va de la imitación a la asimilación y a la innovación.

Shu: En la primera fase, la fase "Shu", somos fieles estudiantes de la tradición. Seguimos prácticas establecidas como Scrum con respeto y precisión, aprendiendo las reglas y ciñéndonos a ellas, igual que el aprendiz sigue los movimientos de su maestro. Aquí es donde Scrum nos protege de las tormentas de la distracción y el caos, proporcionándonos un puerto seguro de estructura.

Ha: Cuando entramos en la fase "Ha", empezamos a cuestionar y adoptar las reglas.

Aquí, al igual que un marinero adolescente que aprende a valerse por sí mismo, empezamos a tomar nuestras propias decisiones, todavía dentro del marco, pero con una mayor comprensión y adaptación a nuestro viaje único. Scrum nos sirve de brújula, apuntándonos en la dirección correcta, pero que ahora interpretamos y adaptamos a medida que entendemos los vientos y las corrientes de nuestros propios mares organizativos.

Ri: Por último, en la fase "Ri", nos convertimos en maestros de nuestro arte. Rompemos las reglas, pero respetando y comprendiendo su esencia. Como capitanes experimentados, navegamos nuestro barco intuitivamente, ya no atados a los libros de texto, sino libres de cambiar de rumbo según lo exija la situación del momento. Scrum es ahora una parte de nosotros, una brújula interna, interiorizada y adaptada a nuestras necesidades.

El barco Wolpertinger, construido sin estos principios, está condenado al fracaso. Es una pesadilla flotante, lista para romperse con la primera ola. Las empresas deben embarcarse en el viaje a través de Shu Ha Ri para llegar a ser verdaderamente marineras. Deben aprender el oficio desde la base, construyendo sus barcos no desde la incomprensión y la desesperación, sino desde la fortaleza, la comprensión y la adaptabilidad. Sólo entonces podrán navegar con éxito por los procelosos mares del mundo empresarial y transportar su valioso cargamento con seguridad a través de las embravecidas aguas del mercado.

Un Scrum Wolpertinger

Shu Ha Ri, una filosofía que tiene sus raíces en las artes marciales tradicionales japonesas, puede aplicarse metafóricamente al desarrollo de las organizaciones y a su enfoque de métodos ágiles como Scrum. Se trata de un viaje que lleva a la organización desde el cumplimiento estricto hasta la comprensión crítica y la autosuficiencia innovadora, de forma muy parecida a un barco que se construye y mejora con el tiempo para hacer frente a los crecientes desafíos de alta mar.

Shu (守: "preservar"): Esta fase inicial es comparable a la construcción del casco de un barco, la parte más fundamental que lo mantiene a flote. Durante esta fase, las empresas siguen estrictamente el marco prescrito y los métodos establecidos en Scrum. Conservan la tradición y las mejores prácticas para crear una base sólida. Este no es un momento para un barco Wolpertinger; tampoco lo es para la experimentación salvaje con piezas no probadas o juntar prácticas incongruentes. Al igual que un casco debe construirse conforme a ciertas especificaciones para que sea navegable, el enfoque de los métodos ágiles en esta fase debe ser preciso e inalterado para encaminar a la organización por el rumbo correcto.

Ha (破: "innovar"): Cuando el barco -o en este caso la compañía- llega a alta mar y se encuentra con sus primeras tormentas, comienza la fase "Ha". Es entonces cuando se establecen la cubierta, los mástiles y las velas, pero cada elemento sigue siendo ajustable. Las empresas han interiorizado las reglas y los métodos de Scrum y empiezan a analizarlos de forma crítica. Entienden no sólo cómo hacen las cosas, sino también por qué. En esta fase, se permite que surjan partes del "barco Wolpertinger": soluciones innovadoras y personalizaciones que surfean sobre las olas de la experiencia y la comprensión. Sin embargo, estas partes deben seleccionarse y probarse cuidadosamente para no poner en peligro la integridad del barco. La empresa rompe con el rígido cumplimiento de las normas y adapta sus estrategias a los retos y condiciones únicos que encuentra en el mar.

Ri (離: "desprenderse"): Finalmente, cuando el barco ha dominado el océano y cada parte y costura ha experimentado tormentas y mar en calma en igual medida, comienza la fase "Ri". La empresa ha comprendido e integrado plenamente los métodos ágiles; han pasado a formar parte de su ADN. Ahora está preparada para "romper" las reglas y seguir su propio camino. El barco Wolpertinger ya no es un mosaico, sino una obra maestra hecha a medida que se basa en las fases anteriores. Es el momento de la creatividad y la innovación, el momento de desarrollar soluciones únicas que vayan más allá de lo que prescriben los marcos existentes. No obstante, esta libertad no proviene de una falta de respeto por la tradición, sino de un profundo conocimiento y dominio de la misma.

El barco Wolpertinger que nace demasiado pronto en la fase "Shu" no es navegable; es un peligro para sí mismo. Sólo cuando la empresa atraviesa la fase "Ha" y se acerca a la fase "Ri", el barco Wolpertinger puede emerger en todo su esplendor y singularidad, nacido de la experiencia, la comprensión y un profundo dominio de los principios y prácticas ágiles. Entonces no encarna el caos, sino la innovación armoniosa.

Entrada en el diario de navegación

Ah, valientes capitanes y hábiles constructores navales, bajemos los prismáticos y hagamos balance con un brillo en los ojos. Qué travesía, por los procelosos mares de la agilidad, llena de míticos barcos Wolpertinger que más bien parecían barcos en botellas pegadas en mares tormentosos.

Aprendimos que ensamblar un barco con las piezas más variopintas y aparentemente exóticas -por muy tentador que parezca- no nos convierte necesariamente en los orgullosos propietarios de un galeón en condiciones de navegar. No, sólo nos condujo a un mosaico sobre las olas, listo para romperse al primer soplo.

Pero entonces llegó Shu Ha Ri, brillando como la Estrella Polar en el cielo nocturno, para mostrarnos el camino. Desde la primera fase, en la que aprendimos los fundamentos de la construcción naval (Shu), pasando por la experimentación con nuevos materiales y técnicas (Ha), hasta el dominio de nuestro oficio, en el que aprendimos a construir nuestro propio barco único (Ri) que no sólo resistiría las tormentas, sino que bailaría elegantemente a través de ellas.

Entonces, ¿qué sacamos nosotros, capitanes de la industria y maestros de la construcción naval, de este viaje? Que el verdadero camino hacia la maestría pasa por comprender, adaptar y, en última instancia, dominar el arte de la construcción naval. Un Wolpertinger puede ser una curiosidad, pero sin una base sólida y la comprensión de su diseño, nunca será más que una escultura en el puerto.

El viaje hacia el dominio de la agilidad, caballeros y damas, es como descubrir nuevos continentes: no es corto ni fácil, y desde luego no está exento de una o dos fugas en el casco. Pero con Shu Ha Ri como brújula y una sonrisa en el corazón, no sólo aprenderemos a sobrevivir a las tormentas, sino a bailar con ellas.

Que sus barcos Wolpertinger pasen de ser frágiles curiosidades a orgullosos buques insignia de la innovación. Zarpen hacia nuevos horizontes, capitanes, ¡y que el viento de la agilidad sople siempre en sus velas!

La expedición secreta ~ Desde la sombra del tercer camino

Como surgiendo de las brumas de la desesperación, hay una expedición oculta que se ha liberado de los grilletes del llamado "tercer camino". Esta senda hacia el desastre, caracterizada por un equipo en la sombra que se hacía pasar por los guardianes del cambio, se había atrincherado en las oscuras cámaras del aislamiento. Con planes tan frágiles como telarañas, intentaron capturar la esencia viva de la transformación, sin darse cuenta de que el verdadero cambio fluye tan libremente como el propio viento.

Pero en esta expedición oculta, lejos de los fatales salones del pensamiento y la acción rígidos, comenzó a sonar una nueva melodía. Era una sinfonía que resonaba en el corazón

de cada individuo, un suave despertar que
consumía las sombras del tercer camino. Este
valiente colectivo, armado con la comprensión
de que la verdadera transformación nace en
los pasillos del diálogo y la unidad, creó un
puente sobre la brecha que separaba a los
arquitectos del cambio de aquellos que
llevarían a cabo sus planes.

Alejándose de la engañosa luz de los
resultados, que no es más que la ilusión del
progreso, se dirigieron hacia el suave
resplandor de los resultados. Esta luz, nacida
de los profundos deseos y esperanzas de
aquellos a quienes trataban de servir, pintó un
cuadro no sólo del trabajo que hicieron, sino
de las almas que tocaron, de las vidas que
cambiaron. No contaban los pasos que daban,
sino las huellas que dejaban en la arena del
tiempo.

En esta expedición secreta, el cambio no se veía como una declaración de guerra en la que las estrategias se blandían como espadas. Por el contrario, era una danza, una invitación a que todos se tomaran de la mano y se balancearan juntos al ritmo de la renovación. Era un proceso que no se amplificaba con los ecos del aislamiento, sino con la armonía de corazones que latían como uno solo.

Las cartas que ahora tenían delante ya no eran hojas de papel en blanco, dibujadas y borradas por manos invisibles. Eran obras de arte vivientes, que cambiaban con cada respiración, con líneas trazadas por la tinta de la experiencia, la empatía y el encuentro genuino. Cada camino de este mapa tenía el potencial de encender un faro en la distancia, la promesa de un puerto escondido en el alma colectiva de cada individuo.

Así, esta expedición secreta zarpó, ya no impulsada por los vientos tempestuosos de la desconfianza, sino por la suave brisa de la esperanza. Comprendieron que no era la tierra lo que tenían que conquistar, sino los corazones de quienes navegaban con ellos. En este mundo de almas conectadas y sueños compartidos, su viaje no se convirtió en uno de pérdida y desesperación silenciosa, sino en una vibrante odisea de cambio, amor y potencial infinito.

En armonía con el horizonte: la sinfonía del descubrimiento colectivo

En el infinito mar del cambio, lejos del viejo mundo de la producción rígida, un barco se desliza suavemente sobre las olas del cambio. No se trata de un barco cualquiera, sino de una comunidad de exploradores con la mirada fija en el horizonte, en el descubrimiento de un nuevo continente, el Resultado.

A bordo de este barco no hay ningún autócrata, ningún capitán que lance órdenes como rayos desde una nube oculta. Aquí, bajo el vasto cielo de las posibilidades, cada marinero, cada navegante, cada hombre y cada mujer forman parte de una jerarquía fluida basada en la pericia y la perspicacia que exige cada momento.

La colaboración comienza con el conocimiento compartido del objetivo: las verdes orillas del nuevo continente. Este objetivo, tan claro como el sol de mediodía sobre el mástil, ilumina cada tarea, cada contribución. Todos saben por qué izan las velas, por qué tensan los cabos, por qué vigilan en la oscuridad de la noche. No es la frecuencia de las remadas lo que cuenta, sino la comprensión compartida de que cada brazada les acerca a la costa, de que cada suave deslizamiento sobre una ola significa una leve aproximación a la meta.

En lugar de trabajar al compás de un orden prescrito, la tripulación de remo siente la velocidad del mar y adapta de forma intuitiva sus brazadas. Saben que no es la velocidad con la que reman, sino la interacción de sus fuerzas y su comprensión de las corrientes lo que les impulsará hacia delante con eficacia. Su coordinación es una danza sobre el agua, un ballet en el que cada brazada es una expresión del esfuerzo colectivo.

Los navegantes, liberados de los confines del mando y el control, comparten su sabiduría con la tripulación. No sólo trazan los rumbos en los mapas, sino que también inspiran con historias de lo que hay más allá del horizonte. Están atentos a las señales meteorológicas, a las estrellas del cielo nocturno, y transmiten sus conclusiones para que todos conozcan y comprendan el rumbo.

La comunicación es el agua que alimenta los salvavidas del barco. Fluye abierta y libremente, nutriendo cada decisión y cada intercambio de ideas. En lugar de órdenes, hay diálogos; en lugar de normas, hay acuerdos. El barco no está dirigido por la autoridad de un individuo, sino por la inteligencia colectiva de todas las almas a bordo.

Y así, en el vasto océano de la transición, este barco navega hacia delante, llevado por los vientos de la visión compartida. Cada miembro de la tripulación contribuye por igual al destino, aportando sus puntos fuertes individuales al tiempo que honra el viaje compartido. El destino, el nuevo continente, no es sólo un lugar físico al que esperan llegar, sino un símbolo de sus valores y esperanzas compartidos, de un futuro que quieren forjar juntos.

Cuando el barco cruza por fin la línea de plata del nuevo continente, no es la llegada de un individuo que pone el pie allí, sino el despertar de toda una comunidad que se adentra conjuntamente en un nuevo mundo.

Entrada en el diario de navegación

Y ahí lo tenemos, queridos espectadores, el dramático clímax de nuestra pequeña historia náutica. Al final del día, cuando el último rayo de sol desaparece tras el horizonte y el rocío del mar se mezcla con la luz de las estrellas, lo vemos claro: el juego del rendimiento frente al resultado es como intentar medir el mar con una red de pesca: se pescan unos cuantos peces, pero el mar sigue siendo insondable.

Aprendimos que romper las viejas cadenas de separación entre pensamiento y acción no era una empresa tranquila, ¡oh, no! Era como lanzar un mensaje en una botella al foso de una orquesta y esperar a que empezara la sinfonía. Una sinfonía en la que cada músico no sólo conoce sus notas, sino que también comprende cómo su melodía contribuye al conjunto.

El capitán, que antes era un cronometrador tiránico que dictaba cada golpe de remo, es ahora más bien el director principal de una orquesta en la que cada uno conoce sus propias notas. La tripulación, antes meras piezas en el tablero de ajedrez del mar, son ahora audaces exploradores que comprenden que el ritmo de sus golpes de remo es algo más que movimiento: es poesía en acción.

Y así, con un guiño y una sonrisa, nuestros héroes navegan hacia el nuevo continente, ya no como prisioneros de una expedición secreta, sino como parte de una comunidad que sabe que el verdadero tesoro no reside en el número de kilómetros remados, sino en las historias entrelazadas de cada alma a bordo.

Puede que el barco haya salido del puerto con un plan, pero volverá con una leyenda. Una leyenda que cuenta cómo la interacción de la mano y el espíritu, de la producción y el resultado, de un barco y su tripulación, ha navegado por el infinito mar de las posibilidades. No como esclavos de un rumbo obstinadamente fijo, sino como amigos que navegan juntos contra el viento en busca de una meta que es mayor que la suma de todos los mapas, las direcciones de las brújulas y las constelaciones de estrellas: la meta de un futuro compartido.

Así que levemos anclas y zarpemos, porque en este mundo de infinitas posibilidades, el viaje en sí es el mayor tesoro, y las risas que compartimos por el camino son el eco de nuestro éxito. ¡Salud, por el viaje!

Última entrada en el diario de navegación ~ Conclusión del viaje: La síntesis de los Tres caminos

Hoy finaliza nuestro épico viaje a través de las procelosas aguas de la transformación y el cambio. Hemos recorrido los Tres Caminos del Conocimiento y explorado los Tres Caminos de Salida que nos han conducido fuera del laberinto de la uniformidad. He aquí un resumen de nuestros descubrimientos:

Los tres caminos hacia la felicidad

La odisea marítima de los mapas precisos nos enseñó que la verdadera navegación requiere la voluntad de redibujar los mapas una y otra vez, en función de las realidades siempre cambiantes del mercado.

El barco Wolpertinger nos llevó a través de la filosofía de Shu Ha Ri, donde aprendimos que la maestría reside en la adaptación y la innovación, no en la imitación rígida.

La expedición secreta reveló que el verdadero cambio no está en las cifras que medimos, sino en las historias que contamos y las experiencias que posibilitamos.

Los tres caminos para salir del laberinto de la uniformidad

La odisea marítima de las cartas precisas nos mostró que el exceso de planificación y de control puede llevarnos por mal camino. Tenemos que aprender a navegar en armonía con lo imprevisible.

De Wolpertingers y Maestros del Mar - Comprender mejor el Shu Ha Ri nos animó a ir más allá de la mera aplicación de métodos, para establecer una conexión más profunda e intuitiva con nuestras prácticas.

Desde la sombra del Tercer Camino nos enseñó que el verdadero valor de nuestro trabajo no reside en los productos cuantificables, sino en los resultados que enriquecen la vida de las personas para las que trabajamos.

A medida que hemos explorado estos caminos y salidas, hemos aprendido que en realidad nuestro viaje nunca termina. Cada horizonte conduce a uno nuevo, y con cada amanecer volvemos a zarpar, enriquecidos por los conocimientos y experiencias del día anterior.

Hemos aprendido que la transformación es un viaje que lleva tanto hacia dentro como hacia fuera. Es una danza entre lo que sabemos y lo que nos queda por descubrir. Es una conversación continua entre lo que éramos ayer y lo que seremos mañana.

Con estas reflexiones, cerramos este diario de navegación, preparados para las aventuras que nos esperan y agradecidos por la sabiduría que hemos acumulado a lo largo del camino.

Más expediciones
El viaje continúa con las 3R

Tras haber recorrido los tres caminos del conocimiento y explorado las tres salidas del laberinto de la uniformidad, nos encontramos al principio de un nuevo capítulo de nuestro viaje. La próxima etapa nos conduce a las 3R: el producto adecuado, en el momento adecuado, adecuado para el cliente. Esta perspectiva pretende prepararnos para los retos y oportunidades que nos aguardan.

El producto adecuado

Nuestro viaje nos ha enseñado que no basta con crear productos que simplemente existan. Tenemos que desarrollar productos que resuenen, que respondan a las necesidades y deseos más profundos de nuestros clientes. El método 3R nos reta no sólo a elaborar lo que podemos, sino a crear lo que se necesita: productos que no sólo funcionen, sino que inspiren.

En el momento adecuado

El momento adecuado lo es todo. Como las mareas del mar y las fases de la luna, debemos aprender a sentir el ritmo del mercado y ajustar nuestras velas en consecuencia. El momento adecuado para un producto significa captar el instante en que se cruzan la demanda y la disponibilidad. Se trata de sentir el pulso de los tiempos y actuar en el momento perfecto.

Adecuado para el cliente

La sabiduría de la última R nos enseña que nuestro viaje no termina cuando el producto abandona los muros del puerto. Continúa hasta que llega sano y salvo a las manos de sus destinatarios. Entenderse adecuadamente con el cliente significa que nuestros productos no sólo llegan, sino que también son aceptados, apreciados y utilizados. Se trata de crear una conexión que vaya más allá de lo transaccional y cree valor real.

Las 3R son el siguiente paso natural en nuestro viaje. Se basan en las ideas de los Tres Caminos y nos llevan a un lugar donde nuestros productos no sólo existen, sino que viven en las manos y los corazones de nuestros clientes. Con las 3R como brújula, estamos desplegando nuestras velas hacia un futuro en el que el éxito no se mide sólo por las cifras de ventas, sino por la auténtica satisfacción del cliente y su impacto duradero.

Exploremos juntos este nuevo horizonte, con las lecciones que hemos aprendido y la sabiduría que aún nos queda por adquirir. Adelante con las 3R, adelante hacia un futuro que forjamos juntos.

A la expectativa de lo que está por venir
René Schröder

Una llamada a la tripulación ~ Deja que tu voz zarpe en Amazon

Marineros y exploradores de la agilidad,

Después de navegar por las turbulentas aguas de "Perdidos en el Océano de la Agilidad", ahora estáis al timón de un barco lleno de conocimiento y perspicacia. Es hora de compartir vuestras experiencias y alumbrar a otros navegantes en su viaje hacia el dominio de la agilidad. Tu reseña en Amazon es como un faro en la noche, que guía e inspira a otros que se aventuran en aguas similares.

Por qué son importantes tus estrellas de navegación (reseñas)

- **Brújula para futuros exploradores:** tus opiniones iluminan el camino para otros que quieren embarcarse en su propio viaje ágil.
- **Corrección del rumbo para nuestra próxima expedición:** sus opiniones son valiosas para perfeccionar los mapas y hacer que las próximas ediciones sean aún más navegables.
- **Comunidad de descubrimiento:** Comparta sus descubrimientos y forme parte de una tripulación de personas con ideas afines comprometidas con la agilidad y la transformación.

Cómo desplegar sus velas de valoración en Amazon

1. **Echar el ancla en Amazon:** Dirígete a tu navegador o a la app de Amazon.

2. **pon rumbo al libro:** busca "Perdidos en el océano de la agilidad" y abre la página del libro.

3. **encuentra el puerto de las reseñas:** Desplázate hasta la sección "Reseñas de los clientes".

4. **pon las estrellas en el cielo:** elige entre 1 (casi sin viento) y 5 (a toda vela) estrellas para tu reseña.

5. **cuente su historia:** Haz clic en "Escribe una reseña". Describe tu viaje con el libro: ¿qué iluminó tu camino, qué tormentas podrían haberse evitado?

6. **tu mensaje en una botella:** revisa tu reseña y envíala.

Gracias por formar parte de esta gran expedición. Tus palabras son como el viento en nuestras velas: nos empujan a nosotros y a otras almas valientes hacia adelante mientras nos aventuramos en el desconocido mar de la agilidad.

Con saludos aventureros

René Schröder